AF599793

AUTOINDEFINIDA

Sandra Barrera Martín

Aliar ediciones

Corrección: Eladia Guerrero
Diseño de cubierta: Jaime Galisteo
Maquetación: Aliar Ediciones

Segunda edición: mayo 2026
Depósito Legal: GR 251-2025
ISBN: 979-13-87590-64-2

Impreso en España

Edita
ALIAR Ediciones
www.aliarediciones.es
info@aliarediciones.es

AUTOINDEFINIDA

Sandra Barrera Martín

Ahora no creo que sea el momento de profundizar en el tópico de si la música nos define o no... en cualquier caso, esta lista de canciones es la banda sonora que me ha acompañado en el proceso de creación de *AUTOINDEFINIDA*.

«*AUTOINDEFINIDA*, Sandra Barrera Martín».

Para mi padre, aunque sé que él es más de sudokus.

No me hables de poesía, si no está la vida a oscuras

-1-

He comparado mi vida
con una piñata gris,
porque al romperse ese hilo
en el que estaba colgada
dejó salir cien fantasmas
que, bajo un disfraz de lágrimas,
buscaron resucitarse
entre las letras de aquel
poema inacabado
que aún trato de terminar.
Siempre que llamo a la puerta,
ladra un perro y tú no estás.
No me hables de poesía
si no está la vida a oscuras;
no me toques las encías,
porque si no puedo, muerdo;
y a veces soy la energía
que genera la impotencia.

-2-

Otra vez me ha salido
mal la jugada, y pierdo teniendo
el as bajo la falda.
Y, tan imbécil como siempre, vuelvo
a preguntarme que hasta cuándo, que hasta
quién... quién será capaz de hacer mi invierno
verano, quién me va a sostener cuando
el mundo se me caiga
encima, quién elegirá quedarse
para hundirse conmigo.
No, ya no quiero dolores a medias
ni amores a medida;
no me hables de relaciones esdrújulas
con acento prosódico
en el penúltimo beso. No quiero
otro punto y aparte
en la primera despedida, donde
acordemos de manera pacífica
que esta es tu libertad y esta la mía.
Que no, que no me vale ya el querer
a risa, lo que quiero es un amor
a carcajada; sí, un amor de esos
que te abrazan en braille,
recordándote que en mitad del caos
de luces existimos.
Y, sin embargo, aunque lo que anhelo
es que nos escribamos
antologías cuando

nos asustemos del primer poema,
no creo que aguantase otra derrota.
Y por eso prefiero
volar en soledad, y me enamoro
de un verso en la penumbra
antes que de una boca.
No obstante, aunque acepto
creer saber que no soy para nadie
—porque el despiste, la literatura
o el desorden ordenado serán
siempre cosa de uno—,
jamás me cansaré de defender
que, si el amor existe, es para eso
mismo, para lograr
que uno más uno se convierta en dos.

-3-

La noche sigue rayándome
la pintura de los ojos
y mis sombras son más largas
que el silencio carmesí
de mis labios desgastados.
En el callejón del sueño
siempre me pierdo y me encuentro
con miles de espejos rotos
y convexos deformando
en nebulosas la imagen
que tengo de mí. Y en ese
gris callejón sin salida
me pierdo para encontrarme
conmigo. Y así me encuentro
con el pasado de espaldas
al muro de enredaderas
del futuro; humareda
de miedos sin resolver
colándose descuidados
por la mirilla entreabierta
del presente; hilos sueltos
de mi piel rasgada, cáscaras
de infinitas carcajadas
que me he perdido por ti.
Repleta de gritos sordos
de auxilio y ascuas, me soplo,
tratando de reavivar

la rabia o de hallar una
almohada en que cobijarme.
Y, entre tanto, de vez
en cuando, busco y me encuentro
buscándome. Y es entonces
cuando, llena de vacío
y llamas, me hago cenizas.
Y en ese instante descubro
que mis palabras son ebrios
e inconscientes trapecistas
que ya no saben si deben
arrancar el segundero
de los relojes, contar
o descontar los minutos;
pues las horas son de barro
y se funden con las manos
del poeta y de sus llaves.

-4-

Neruda escribe también esta noche,
los dos nos arrancamos
los versos más tristes; nos preguntamos
qué ocurre, o qué no ocurre. Sucede
que a veces no sucede
la vida, que quizás somos sin ser,
o no somos para serlo. Y pasa
que, después de morir viva, decides
intentar descubrir qué tal se vive
viviendo, o procurar simplemente
no darte de bruces con el intento.
El corazón, al igual que las calles,
también se inunda, no siendo la lluvia
la principal causante.
Y el viento puede traicionar, dejando
de ser impulso para convertirse
en huracán, arrasando con todo
aquello que encuentra en el día a día
—o en la noche a noche—. Querida noche,
¿por qué te (nos) disfrazas?

-5-

Recuerdo haber contado
tus lunares, las veces
que me mirabas, las que sonreías
al mirarte yo. Nunca
creí que algo que empieza
así, tan de repente,
cambiaría mis planes. Y lo hiciste.
Apareciste con tus ganas locas
de comerme la vida
y yo me dejé. Ahora
soy capaz de ver lo mal que lo hicimos
y lo bien que lo pasamos. Yo fui
solamente una tirita para esa
coraza siempre tan tuya de orgullo
y de apariencia que te demolía
por dentro. Sin embargo,
las cosas del corazón siempre fueron
tabú para nosotros.
Te equivocaste y nunca pediste perdón.
Sí, creaste un juego en el que únicamente
te divertías tú. Bueno, no te voy
a engañar, yo también.
Hasta que nos volvimos
serios. Y no, definitivamente,
tú no eres de esos.

Prometo que esta vez no nos llevaré flores

-1-

No es producto de mi excentricidad
que haya puesto en la entrada dos espejos;
es para ver si frente a alguno logro
reconocerme la verdad. Me come
la culpa mientras transformo en sonrisa
el áspero aguijón atragantado
de un arrepentimiento que llegó
muy tarde a mi garganta.
Sería, por mi parte,
absurdamente hipócrita llorar
nuestra trágica muerte, cuando fui
yo quien nos disparó
mirando hacia otro lado.
La misma que fingió
que ya no le importabas refugiándose
en poesía y noches infinitas
de pintalabios en copas vacías
y en pechos más vacíos todavía.
Aún hay días en los que me despierto
y sigo hallando entre mis dedos restos
de sangre. No, quizás no fue muy buena
idea intentar curar mi herida
profunda con tiritas.
Tal vez deba dejar
de fingir que me he olvidado de ti,
que no te echo de menos
constantemente, que no te recuerdo
hasta en el más diminuto detalle...

Tal vez deba dejar
que mis lágrimas salgan
para que nos entierren.
Llorarnos y asumir
que estoy mejor sin ti.
Prometo que esta vez
no nos llevaré flores.

-2-

Porque la realidad
golpea de repente, como un cubo
—o catarata— de agua
fría, o un gélido «ya te lo dije».
Porque la soledad que no se elige
es como ese hormiguero bajo tierra,
cuanto más tiempo pasas sumergida
en sus recodos, arrastrando pies
y alma sin rumbo, más puedes perderte.
Porque es ridículo pensar que existen
los viajes de ida y vuelta, si jamás
vuelves como te fuiste:
morir por un abrazo o de un abrazo
es la leve e intangible diferencia
que encontraremos en cada estación
de tren o en cada insólito destino
que escojamos, soñemos o sintamos.
Porque ya he comprendido que el reloj
marca horas diferentes
en función de la muñeca o pared
que lo sostenga; y por eso es malo
apretarse las ganas hacia dentro
por vergüenza, temor o protocolo;
y por eso ahora nada
logra hacerme sonreír de puntillas,
ni siquiera tu ausencia.

-3-

Los sueños que en paredes se han filtrado
destruyen las barreras del espacio
que ocupan las estúpidas palabras
cosidas en los labios silenciosos
de acordes de una noche en Lavapiés.
No comprendo lo torcido de tu boca,
que escupe ahora lo que ayer besó
y enredó en esperanzas con su lengua.
Me sorprende la desgana en tus párpados,
persianas que has decidido cerrar
a un nuevo amanecer de sensaciones,
pestañas polvorientas de recuerdos
suicidas del artista que no vive.
No obstante, yo sonrío triunfadora:
no importa la impresión de haber fallado,
la despedida es parte del encuentro
y el poema lo sabe antes que nadie.

-4-

Tengo ya demasiados
motivos para intentar detener
mi maldita manía
de explosionar la válvula que tengo
escondida en el lado
izquierdo de mi pecho.
Sin embargo, prefiero
seguir viviendo en aquellas metáforas
que me hagan palpitar,
versificar la rabia o invocar
al amor a deshoras.
Opto por no ceñirme
al guion y busco siempre salidas
de emergencia. Con alma kamikaze,
siempre escojo romper
a reír, sollozar
el aliento, escuchar al silencio
y revelar los gritos,
pisotear en papel
todo aquello que baila en mis adentros
y después respirar
sílabas deconstruidas, haciendo
tiempo para que vengas a buscarme.

-5-

No me digas que no puedo,
no pienso cortar mis alas.
No creo en los agujeros
negros que intentan tragarse
mis ganas de devorar
todo el planeta que abarco.
Bien sabes cómo tocar
la tecla; esa que seca
y desgarra mi garganta;
esa que empapa mis ojos
en lágrimas que me aguanto
en las pestañas —no pienso
darte el gusto de ver cómo
me derrumbo—. Tú, serpiente;
yo, cascabel que no calla
pero se muerde los sueños
con los que inunda la almohada.

En *stand-by*

-1-

Oscuridad. Vacíos
inmensos. Ruinas. Prisas.
Miedo. Mismas ideas.
Culpa. Mismos complejos.
Cadáveres, personas
a medias, permanecen
frente a la caja tonta
de las mentiras, creyéndose doctos
en temas que, en verdad, ni a ellos mismos
les importan. Individuos sin sueños
ni abrazos se regalan al completo
sin ni siquiera haber
descubierto el valor
de sus propias ideas,
la fuerza de sus pestañas. Cerebros
desnutridos, inmersos en el mundo
que almacenan en sus cuentas bancarias,
obsesionándose con llevar flores
a su ombligo, haciendo este cada
vez más grande. Esclavos
de la apariencia, de la aceptación,
que ignoran el reflejo
de lo que son en realidad, que olvidan
que tan solo tenían que mirar
dentro para encontrar (se).
Sociedad asfixiante.

Cadáveres obviando
las nubes, las sonrisas
y los ríos de fuera.
Los árboles, los libros
y los soles de fuera.
Los colores, el viento
y los niños de fuera.
Las lluvias, las palabras
y las flores de fuera.
Las ramas, las caricias
y la vida de fuera.
Miradas
vacías
de personas vacías
en estado de espera.

-2-

Dejar atrás la niñez
es soltar a la inocencia
de la mano. Es, tal vez,
un abrumador acuerdo
bilateral: un vivir
—sobrevivir— sin vivir
viviendo, un aprender
absurdo a desaprender
lo realmente importante.
Dejar atrás la niñez
es condición: limitarse
a vagar bajo las sombras,
sombras que fueron un día
dueñas del más cegador,
valioso y feliz recuerdo.
Dejar atrás la niñez
hace que el miedo a volar
logre encadenar tus alas.

-3-

Así me he quedado yo.
Sin respuestas. Con mil mapas
de ideas y de lugares
que desconozco trazados
—o más bien desdibujados—
con mis dedos temblorosos
en el suelo en el que un día
disfruté con la rayuela
o jugué entre fantasías.
Y tampoco tengo acrílico
azul suficiente para
pintar mi pared, o el mundo.
Se me ha llenado de lágrimas
la mandíbula, mis ojos
se han desencajado; pero
no, no he podido hacer nada.
Se han gastado los hechizos
de cartón de mi varita.
Ahora solamente puedo
observar con impotencia
el vuelo indiscriminado
de las hojas de los árboles
en un inestable punto
en el que no se concibe
el otoño ni existe la primavera.
Y odiar desde lejos todos
los desastres e injusticias.

Y tratar de remendar
la herida con todas esas
palabras que borré para
llegar a las que escribieron
estos versos desgarrados.

-4-

Cuando escucho a esas personas que dicen
que volvieron a nacer tras algún
momento duro, pienso
que puede ser que en realidad seamos
el resto los que no hemos
nacido nunca. Y tengo mi vida
llena de blanco; no existe peor
blanco que el que se queda
al marcharse el cuadro de la pared.
A veces miro al cielo
y me da miedo que no estemos solos;
pero otras muchas veces
alzo la vista y lo que me da miedo
es que no haya nadie más. Aún seguimos
pensando que tenemos
miedo, pero es el miedo el que nos tiene.
Todavía creemos
que manejamos la cometa, pero
seguimos temblando. Sí, avisadme
cuando podamos dejar de correr,
si es que algún día podemos —quizás
sea posible alzar de nuevo el vuelo—.

-5-

Hablemos de pupilas agrietadas,
secas, cansadas de mirar sin ver.
Hablemos de secretos
que derriban paredes, del silencio
que no existe, que siempre acaba huyendo,
del murmullo constante que se encarga
de sustituirlo, ese que nunca
nos pertenecerá.
Hablemos de ese cielo
que ni siquiera es gris,
que se tinta de un blanco
sucio, roto. Tormenta
y lamento es lo mismo,
por eso somos poetas. Hablemos
de bocas insípidas y de lenguas
chasqueantes como látigos, como
cadenas, sedientas de espuma y versos.

A medias conmigo y a todas sin ti

-1-

No voy a ser quien quieres
que sea. Pienso ser únicamente
y felizmente yo misma. Despídete
de la reina habitual de las fiestas
de tus sábanas. No voy a ser nunca
más el beso arrastrado que se coge
al vuelo ni tus pasos
detrás de la esquina que se retuerce
cuando desapareces.
Puede que siga tocada y hundida
en esa línea que arde
cuando la traspasas, pero ya tengo
muy claro que a tu lado
todo era un fracaso; y tú un cobarde
incapaz de romper,
aun sabiendo que, si me sujetabas,
también me rompías.
Pero no, ya no vamos a cruzarnos
ni a desatar nubes oscuras. Pienso
borrarlo todo. Soplaré bien fuerte
hasta que desaparezca. Y cuando
se convierta en nada, seré invencible:
a medias conmigo
y a todas sin ti.

-2-

No te tengo a ti pero
no importa, tengo helado y chocolate
en la nevera y un latido autónomo
y renovado. No te tengo a ti
y, sin embargo, tengo la sonrisa
permanente y tres versos
escritos en el rostro —con las pecas
como tildes—. No tengo
ya neuronas con tu nombre —maté
a todas con ginebra—
y tengo una ilusión
que no asesinaré con tu recuerdo.
Tengo una cicatriz que no te consta,
un «llámame mañana que no puedo»,
un «hasta nunca» —pero
esta vez para siempre—. Y también
me tengo a mí aquí
y ahora, y aunque pueda resultar
insuficiente, es mucho mejor
que la tóxica suma del «contigo».

-3-

Porque yo hoy pienso hablar
de verdades y no pienso pedir
perdón a vuestras urgentes jaquecas
de estrés laboral. Porque a mí me duele
cada mujer violada o maltratada,
y el terror de recorrer una calle
oscura y solitaria por la noche
me genera una angustiosa impotencia.
Porque hemos visto morir y matar,
pero ya solo somos
sensibles al dolor
cercano, y el ajeno
lo contemplamos como una película
de sobremesa. Y porque ya sé
de sobra que si os duele demasiado
la realidad, podéis sencillamente
olvidarla como un documental
de La 2 a la hora de la siesta.

-4-

Nuestra última cena
se cocinó con raspas,
sobras de los asaltos
que nos regalábamos, cuerpo a cuerpo.

Porque a mí me latía el corazón
bajo el vestido.
Porque a ti te latía el corazón
entre las piernas.

-5-

Sí, espero que cumplas
tus sueños, que no rompas
más promesas, que sigas
usando la palabra
«destino» a tu albedrío.
Sí, espero que mueras
de frío por las noches
y de hambre por las mañanas, que no halles
diferencia entre suspiro y bostezo,
que se te escape mi nombre entre sábanas
deshechas, que no te falte el aliento
cuando te muerdan los labios. Espero
que no me olvides mientras
lo intentas, que no puedas
recordarme si alguna
vez lo (me) necesitas.
Espero que algún día
comprendas que es mejor un *hasta nunca*
que cualquier *a lo mejor*; que prefiero
un *no te amo* que me triture en mil
pedazos que el cariño fragmentado
que audazmente me dabas sin amarme.

Seré versos que gritan verdad

-1-

Voy a observar el mundo
con iris de girasoles marrones.
Voy a beberme la vida de un trago
y a pedir que me llenen
otra. Voy a pintarme
los labios de «no me voy a callar»
y a vestirme con la luz de los sueños
que pronto acariciaré con mis dedos.
Buscaré un curso para cultivar
satélites de ingenuidad en clave
de lluvia que me cale hasta los huesos.
Con los pies empapados
de luz, me estremeceré con la luna
y con instantes. Voy a desplegar
mis pestañas con los ojos cerrados
y a volar con mi bandada de grullas
desdibujadas —la papiroflexia
nunca se me dio bien—.
Pues sí, me voy a cortar la boca
para meterla en un sobre sin sello
y con destino al fin de los incendios:
allá donde los móviles no existen
y aún sobrevive la saliva
sin WhatsApp. Dejaré las medias tintas
para los calamares
y seré versos que gritan verdad.

-2-

Devendrán días de duelo
disfrazados de destino,
displicentes, disgregantes.
Depondrán dichas deprisa,
devolviendo desventuras
de difícil discurrir.
Desertemos del dolor:
deneguémosle dominio,
deparémosle derrotas.
Desdeñemos doblegarnos:
disolvámoslo deseando
despuntar de dicha diaria.
Desfilemos dignamente
donde deban distinguirnos
deshaciéndonos del daño.

-3-

Ronroneas rabia ronca
rastreando rostro a rostro
rastros rentables rifados.
Rengloneas ripios rancios,
restriegas rangos ridículos,
refugiado entre rumiantes
ratas retorcidas. Ruido,
ruido rimado retuerce
realidades remendadas.
Reventaré rama a rama,
roce a roce enraizaré,
restableciendo aquelarres,
resurgiendo en rebeldía.

-4-

La noche grita temblando
las lunas de mis pasiones ocultas.
Clamo, aúllo, muerdo, no me escondo
ya en mis sábanas; me atrevo a surcar
los mares en un vaso de ginebra.
Mi cuerpo se desenreda en las danzas
que improviso. Si quieres,
puedes juzgarme. Poco
—o más bien nada— me importan las críticas
de quien no vive por vergüenza o miedo
a soñar en voz alta.

-5-

Ya he dejado de adiestrar mis impulsos
y, día a día, desenredo el nudo
de mi garganta para que mi máquina
no se oxide en la ansiedad de los versos
tachados. Torpes serán los intentos
de los que quieran frenarme. Sí, llámame
rara o lunática; yo seguiré
estornudando en paraguas de gatos
negros para encontrar
mi *Aleph* en los espejos
que rompo en el pestañeo de noches
que me embriagan de pasiones azules.

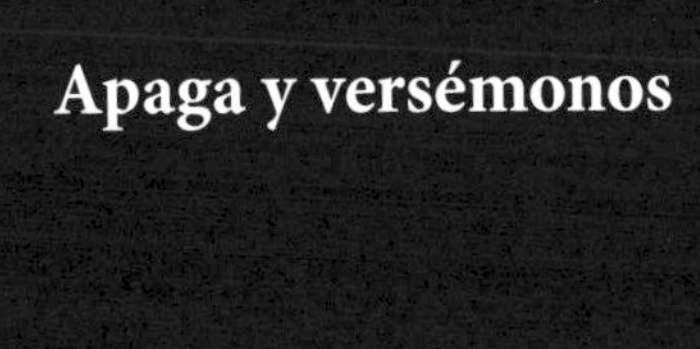

Apaga y versémonos

-1-

Cariño, convirtamos
cada segundo en un poema perfecto;
solamente tenemos que besarnos
y versarnos sin límites.

-2-

Déjame colocar en tus suspiros
el vaho de nuestros nombres,
aspirados en el rumor de mil
caricias que tatúan en mis dientes
tus sonrisas y las lunas mordidas
por nuestras ganas más locas en noches
que no queremos dormir y jugamos
a soñar con los ojos abiertos.
En los atardeceres grises, déjame
soplar en tus pestañas mis anhelos
y esperar a que me aparezcan veinte
genios azules de tus iris para
concederme tres deseos por beso
cuadrado. Y, por favor, tú no dejes
de improvisar canciones con delirios
que hacen que vuele a carcajada limpia
mientras garabateo alfombras mágicas
con las que alcanzaremos azoteas
en las que nos dejaremos perder
por el dulce equilibrio de dos cuerpos
en suspensión. Quizás piensan que estamos
locos, pero me da igual. A mí solo
me importa la alegría de saber
que, aunque soy más de caminar descalza,
tú eres la horma exacta de mi zapato.

-3-

El universo se expande
en perspectiva imperfecta
—lo perfecto es aburrido—
cada vez que pongo un pie
sobre el eclipse lunar
que se ilumina en tus ojos
y se derrama en tu espalda,
en la que siempre me pierdo.
Y por eso he comprendido
que la felicidad es
contemplar cada mañana
cómo los rayos de luz
se cuelan por la persiana
y trazan en la pared
tu silueta, dibujo
inigualable de puntos
amarillos que me abrazan
en el despertar más dulce,
ese de olor a café
y a cosquillas recién hechas.

-4-

Si tu sonrisa estalla entre mis dientes
cada noche, los desayunos se hacen
más dulces, y el café huele a café
y no a rutinas solubles. Tirito
efervescente sin remedio cuando
las madrugadas grises me despiertan
sin tiritas de tus besos. Temblando,
solo encuentran cobijo mis pupilas
en el azul de tus suspiros, soplos
de luz vibrante que calman mi miedo
a no tenerte. No te vayas. Cántame
esa canción que compartimos. Déjame
existir a través de tus latidos.

-5-

Mientras mancho de rojo
la taza humeante, tu carcajada
demuestra que no hay silencio más bello
que tu voz si lo rompes.
Entonces, compruebo que, en efecto,
el amor no solo debe de estar
en los cuerpos, también en el espacio
que los separa. Lo sé porque el aire
que respiro me sabe a ti de un modo
tan profundo que tengo
la sensación constante
de acariciar tus labios,
pero sin el beso. Sí, ese beso
invisible que espanta al monstruo azul
y que sostiene la autoestima cuando
todo es precipicio menos tus ojos.

Índice

Este libro se terminó de editar en Granada
en mayo de 2026 por

www.aliarediciones.es
info@aliarediciones.es